U0585436

中华人民共和国民法总则

（2017年3月15日第十二届全国人民代表大会第五次会议通过）

人民出版社

图书在版编目（CIP）数据

中华人民共和国民法总则.—北京：人民出版社,2017.3
ISBN 978－7－01－017489－1

Ⅰ.①中… Ⅱ. Ⅲ.①民法-总则-中国 Ⅳ.①D923.1

中国版本图书馆 CIP 数据核字（2017）第 050058 号

中华人民共和国民法总则
ZHONGHUARENMINGONGHEGUO MINFA ZONGZE

人民出版社 出版发行
（100706 北京市东城区隆福寺街 99 号）

北京汇林印务有限公司印刷 新华书店经销

2017 年 3 月第 1 版 2017 年 3 月北京第 1 次印刷
开本：850 毫米×1168 毫米 1/32 印张：2
字数：34 千字 印数：00,001-70,000 册

ISBN 978－7－01－017489－1 定价：8.00 元

邮购地址 100706 北京市东城区隆福寺街 99 号
人民东方图书销售中心 电话 （010）65250042 65289539

目　　录

中华人民共和国主席令

第六十六号

《中华人民共和国民法总则》已由中华人民共和国第十二届全国人民代表大会第五次会议于 2017 年 3 月 15 日通过,现予公布,自 2017 年 10 月 1 日起施行。

中华人民共和国主席　习近平
2017 年 3 月 15 日

中华人民共和国民法总则

（2017 年 3 月 15 日第十二届全国人民代表大会第五次会议通过）

目　　录

第一章　基本规定

第一条　为了保护民事主体的合法权益，调整民事关系，维护社会和经济秩序，适应中国特色社会主义发展要求，弘扬社会主义核心价值观，根据宪法，制定本法。

第二条　民法调整平等主体的自然人、法人和非法

3

人组织之间的人身关系和财产关系。

第三条　民事主体的人身权利、财产权利以及其他合法权益受法律保护，任何组织或者个人不得侵犯。

第四条　民事主体在民事活动中的法律地位一律平等。

第五条　民事主体从事民事活动，应当遵循自愿原则，按照自己的意思设立、变更、终止民事法律关系。

第六条　民事主体从事民事活动，应当遵循公平原则，合理确定各方的权利和义务。

第七条　民事主体从事民事活动，应当遵循诚信原则，秉持诚实，恪守承诺。

第八条　民事主体从事民事活动，不得违反法律，不得违背公序良俗。

第九条　民事主体从事民事活动，应当有利于节约资源、保护生态环境。

第十条　处理民事纠纷，应当依照法律；法律没有规定的，可以适用习惯，但是不得违背公序良俗。

第十一条　其他法律对民事关系有特别规定的，依照其规定。

第十二条　中华人民共和国领域内的民事活动，适用中华人民共和国法律。法律另有规定的，依照其规定。

第二章　自然人

第一节　民事权利能力和民事行为能力

第十三条　自然人从出生时起到死亡时止,具有民事权利能力,依法享有民事权利,承担民事义务。

第十四条　自然人的民事权利能力一律平等。

第十五条　自然人的出生时间和死亡时间,以出生证明、死亡证明记载的时间为准;没有出生证明、死亡证明的,以户籍登记或者其他有效身份登记记载的时间为准。有其他证据足以推翻以上记载时间的,以该证据证明的时间为准。

第十六条　涉及遗产继承、接受赠与等胎儿利益保护的,胎儿视为具有民事权利能力。但是胎儿娩出时为死体的,其民事权利能力自始不存在。

第十七条　十八周岁以上的自然人为成年人。不满十八周岁的自然人为未成年人。

第十八条　成年人为完全民事行为能力人,可以独立实施民事法律行为。

十六周岁以上的未成年人,以自己的劳动收入为主要生活来源的,视为完全民事行为能力人。

第十九条　八周岁以上的未成年人为限制民事行为

能力人,实施民事法律行为由其法定代理人代理或者经其法定代理人同意、追认,但是可以独立实施纯获利益的民事法律行为或者与其年龄、智力相适应的民事法律行为。

第二十条　不满八周岁的未成年人为无民事行为能力人,由其法定代理人代理实施民事法律行为。

第二十一条　不能辨认自己行为的成年人为无民事行为能力人,由其法定代理人代理实施民事法律行为。

八周岁以上的未成年人不能辨认自己行为的,适用前款规定。

第二十二条　不能完全辨认自己行为的成年人为限制民事行为能力人,实施民事法律行为由其法定代理人代理或者经其法定代理人同意、追认,但是可以独立实施纯获利益的民事法律行为或者与其智力、精神健康状况相适应的民事法律行为。

第二十三条　无民事行为能力人、限制民事行为能力人的监护人是其法定代理人。

第二十四条　不能辨认或者不能完全辨认自己行为的成年人,其利害关系人或者有关组织,可以向人民法院申请认定该成年人为无民事行为能力人或者限制民事行为能力人。

被人民法院认定为无民事行为能力人或者限制民事行为能力人的,经本人、利害关系人或者有关组织申请,人民法院可以根据其智力、精神健康恢复的状况,认定该成年人恢复为限制民事行为能力人或者完全民事行为能力人。

本条规定的有关组织包括:居民委员会、村民委员会、学校、医疗机构、妇女联合会、残疾人联合会、依法设立的老年人组织、民政部门等。

第二十五条 自然人以户籍登记或者其他有效身份登记记载的居所为住所;经常居所与住所不一致的,经常居所视为住所。

第二节 监 护

第二十六条 父母对未成年子女负有抚养、教育和保护的义务。

成年子女对父母负有赡养、扶助和保护的义务。

第二十七条 父母是未成年子女的监护人。

未成年人的父母已经死亡或者没有监护能力的,由下列有监护能力的人按顺序担任监护人:

(一)祖父母、外祖父母;

(二)兄、姐;

(三)其他愿意担任监护人的个人或者组织,但是须经未成年人住所地的居民委员会、村民委员会或者民政部门同意。

第二十八条　无民事行为能力或者限制民事行为能力的成年人，由下列有监护能力的人按顺序担任监护人：

（一）配偶；

（二）父母、子女；

（三）其他近亲属；

（四）其他愿意担任监护人的个人或者组织，但是须经被监护人住所地的居民委员会、村民委员会或者民政部门同意。

第二十九条　被监护人的父母担任监护人的，可以通过遗嘱指定监护人。

第三十条　依法具有监护资格的人之间可以协议确定监护人。协议确定监护人应当尊重被监护人的真实意愿。

第三十一条　对监护人的确定有争议的，由被监护人住所地的居民委员会、村民委员会或者民政部门指定监护人，有关当事人对指定不服的，可以向人民法院申请指定监护人；有关当事人也可以直接向人民法院申请指定监护人。

居民委员会、村民委员会、民政部门或者人民法院应当尊重被监护人的真实意愿，按照最有利于被监护人的原则在依法具有监护资格的人中指定监护人。

依照本条第一款规定指定监护人前，被监护人的人身权利、财产权利以及其他合法权益处于无人保护状态的,由被监护人住所地的居民委员会、村民委员会、法律规定的有关组织或者民政部门担任临时监护人。

监护人被指定后,不得擅自变更;擅自变更的,不免除被指定的监护人的责任。

第三十二条　没有依法具有监护资格的人的,监护人由民政部门担任,也可以由具备履行监护职责条件的被监护人住所地的居民委员会、村民委员会担任。

第三十三条　具有完全民事行为能力的成年人,可以与其近亲属、其他愿意担任监护人的个人或者组织事先协商,以书面形式确定自己的监护人。协商确定的监护人在该成年人丧失或者部分丧失民事行为能力时,履行监护职责。

第三十四条　监护人的职责是代理被监护人实施民事法律行为,保护被监护人的人身权利、财产权利以及其他合法权益等。

监护人依法履行监护职责产生的权利,受法律保护。

监护人不履行监护职责或者侵害被监护人合法权益的,应当承担法律责任。

第三十五条　监护人应当按照最有利于被监护人的原则履行监护职责。监护人除为维护被监护人利益外,不得处分被监护人的财产。

未成年人的监护人履行监护职责,在作出与被监护人利益有关的决定时,应当根据被监护人的年龄和智力状况,尊重被监护人的真实意愿。

成年人的监护人履行监护职责,应当最大程度地尊重被监护人的真实意愿,保障并协助被监护人实施与其智力、精神健康状况相适应的民事法律行为。对被监护人有能力独立处理的事务,监护人不得干涉。

第三十六条 监护人有下列情形之一的,人民法院根据有关个人或者组织的申请,撤销其监护人资格,安排必要的临时监护措施,并按照最有利于被监护人的原则依法指定监护人:

(一)实施严重损害被监护人身心健康行为的;

(二)怠于履行监护职责,或者无法履行监护职责并且拒绝将监护职责部分或者全部委托给他人,导致被监护人处于危困状态的;

(三)实施严重侵害被监护人合法权益的其他行为的。

本条规定的有关个人和组织包括:其他依法具有监护资格的人,居民委员会、村民委员会、学校、医疗机构、妇女联合会、残疾人联合会、未成年人保护组织、依法设立的老年人组织、民政部门等。

前款规定的个人和民政部门以外的组织未及时向人民法院申请撤销监护人资格的,民政部门应当向人民法院申请。

第三十七条　依法负担被监护人抚养费、赡养费、扶养费的父母、子女、配偶等，被人民法院撤销监护人资格后，应当继续履行负担的义务。

第三十八条　被监护人的父母或者子女被人民法院撤销监护人资格后，除对被监护人实施故意犯罪的外，确有悔改表现的，经其申请，人民法院可以在尊重被监护人真实意愿的前提下，视情况恢复其监护人资格，人民法院指定的监护人与被监护人的监护关系同时终止。

第三十九条　有下列情形之一的，监护关系终止：

（一）被监护人取得或者恢复完全民事行为能力；

（二）监护人丧失监护能力；

（三）被监护人或者监护人死亡；

（四）人民法院认定监护关系终止的其他情形。

监护关系终止后，被监护人仍然需要监护的，应当依法另行确定监护人。

第三节　宣告失踪和宣告死亡

第四十条　自然人下落不明满二年的，利害关系人可以向人民法院申请宣告该自然人为失踪人。

第四十一条　自然人下落不明的时间从其失去音讯之日起计算。战争期间下落不明的，下落不明的时间自战争结束之日或者有关机关确定的下落不明之日起计算。

第四十二条 失踪人的财产由其配偶、成年子女、父母或者其他愿意担任财产代管人的人代管。

代管有争议，没有前款规定的人，或者前款规定的人无代管能力的，由人民法院指定的人代管。

第四十三条 财产代管人应当妥善管理失踪人的财产，维护其财产权益。

失踪人所欠税款、债务和应付的其他费用，由财产代管人从失踪人的财产中支付。

财产代管人因故意或者重大过失造成失踪人财产损失的，应当承担赔偿责任。

第四十四条 财产代管人不履行代管职责、侵害失踪人财产权益或者丧失代管能力的，失踪人的利害关系人可以向人民法院申请变更财产代管人。

财产代管人有正当理由的，可以向人民法院申请变更财产代管人。

人民法院变更财产代管人的，变更后的财产代管人有权要求原财产代管人及时移交有关财产并报告财产代管情况。

第四十五条 失踪人重新出现，经本人或者利害关系人申请，人民法院应当撤销失踪宣告。

失踪人重新出现，有权要求财产代管人及时移交有关财产并报告财产代管情况。

第四十六条　自然人有下列情形之一的,利害关系人可以向人民法院申请宣告该自然人死亡:

(一)下落不明满四年;

(二)因意外事件,下落不明满二年。

因意外事件下落不明,经有关机关证明该自然人不可能生存的,申请宣告死亡不受二年时间的限制。

第四十七条　对同一自然人,有的利害关系人申请宣告死亡,有的利害关系人申请宣告失踪,符合本法规定的宣告死亡条件的,人民法院应当宣告死亡。

第四十八条　被宣告死亡的人,人民法院宣告死亡的判决作出之日视为其死亡的日期;因意外事件下落不明宣告死亡的,意外事件发生之日视为其死亡的日期。

第四十九条　自然人被宣告死亡但是并未死亡的,不影响该自然人在被宣告死亡期间实施的民事法律行为的效力。

第五十条　被宣告死亡的人重新出现,经本人或者利害关系人申请,人民法院应当撤销死亡宣告。

第五十一条　被宣告死亡的人的婚姻关系,自死亡宣告之日起消灭。死亡宣告被撤销的,婚姻关系自撤销死亡宣告之日起自行恢复,但是其配偶再婚或者向婚姻登记机关书面声明不愿意恢复的除外。

第五十二条　被宣告死亡的人在被宣告死亡期间，其子女被他人依法收养的,在死亡宣告被撤销后,不得以未经本人同意为由主张收养关系无效。

第五十三条　被撤销死亡宣告的人有权请求依照继承法取得其财产的民事主体返还财产。无法返还的,应当给予适当补偿。

利害关系人隐瞒真实情况,致使他人被宣告死亡取得其财产的,除应当返还财产外,还应当对由此造成的损失承担赔偿责任。

第四节　个体工商户和农村承包经营户

第五十四条　自然人从事工商业经营,经依法登记,为个体工商户。个体工商户可以起字号。

第五十五条　农村集体经济组织的成员,依法取得农村土地承包经营权,从事家庭承包经营的,为农村承包经营户。

第五十六条　个体工商户的债务,个人经营的,以个人财产承担;家庭经营的,以家庭财产承担;无法区分的,以家庭财产承担。

农村承包经营户的债务,以从事农村土地承包经营的农户财产承担;事实上由农户部分成员经营的,以该部分成员的财产承担。

第三章 法 人

第一节 一般规定

第五十七条 法人是具有民事权利能力和民事行为能力,依法独立享有民事权利和承担民事义务的组织。

第五十八条 法人应当依法成立。

法人应当有自己的名称、组织机构、住所、财产或者经费。法人成立的具体条件和程序,依照法律、行政法规的规定。

设立法人,法律、行政法规规定须经有关机关批准的,依照其规定。

第五十九条 法人的民事权利能力和民事行为能力,从法人成立时产生,到法人终止时消灭。

第六十条 法人以其全部财产独立承担民事责任。

第六十一条 依照法律或者法人章程的规定,代表法人从事民事活动的负责人,为法人的法定代表人。

法定代表人以法人名义从事的民事活动,其法律后果由法人承受。

法人章程或者法人权力机构对法定代表人代表权的限制,不得对抗善意相对人。

第六十二条　法定代表人因执行职务造成他人损害的,由法人承担民事责任。

法人承担民事责任后,依照法律或者法人章程的规定,可以向有过错的法定代表人追偿。

第六十三条　法人以其主要办事机构所在地为住所。依法需要办理法人登记的,应当将主要办事机构所在地登记为住所。

第六十四条　法人存续期间登记事项发生变化的,应当依法向登记机关申请变更登记。

第六十五条　法人的实际情况与登记的事项不一致的,不得对抗善意相对人。

第六十六条　登记机关应当依法及时公示法人登记的有关信息。

第六十七条　法人合并的,其权利和义务由合并后的法人享有和承担。

法人分立的,其权利和义务由分立后的法人享有连带债权,承担连带债务,但是债权人和债务人另有约定的除外。

第六十八条　有下列原因之一并依法完成清算、注销登记的,法人终止:

(一)法人解散;

(二)法人被宣告破产;

(三)法律规定的其他原因。

法人终止,法律、行政法规规定须经有关机关批准的,依照其规定。

第六十九条 有下列情形之一的,法人解散:

(一)法人章程规定的存续期间届满或者法人章程规定的其他解散事由出现;

(二)法人的权力机构决议解散;

(三)因法人合并或者分立需要解散;

(四)法人依法被吊销营业执照、登记证书,被责令关闭或者被撤销;

(五)法律规定的其他情形。

第七十条 法人解散的,除合并或者分立的情形外,清算义务人应当及时组成清算组进行清算。

法人的董事、理事等执行机构或者决策机构的成员为清算义务人。法律、行政法规另有规定的,依照其规定。

清算义务人未及时履行清算义务,造成损害的,应当承担民事责任;主管机关或者利害关系人可以申请人民法院指定有关人员组成清算组进行清算。

第七十一条 法人的清算程序和清算组职权,依照有关法律的规定;没有规定的,参照适用公司法的有关规定。

第七十二条 清算期间法人存续,但是不得从事与清算无关的活动。

法人清算后的剩余财产,根据法人章程的规定或者法人权力机构的决议处理。法律另有规定的,依照其规定。

清算结束并完成法人注销登记时,法人终止;依法不需要办理法人登记的,清算结束时,法人终止。

第七十三条 法人被宣告破产的,依法进行破产清算并完成法人注销登记时,法人终止。

第七十四条 法人可以依法设立分支机构。法律、行政法规规定分支机构应当登记的,依照其规定。

分支机构以自己的名义从事民事活动,产生的民事责任由法人承担;也可以先以该分支机构管理的财产承担,不足以承担的,由法人承担。

第七十五条 设立人为设立法人从事的民事活动,其法律后果由法人承受;法人未成立的,其法律后果由设立人承受,设立人为二人以上的,享有连带债权,承担连带债务。

设立人为设立法人以自己的名义从事民事活动产生的民事责任,第三人有权选择请求法人或者设立人承担。

第二节 营利法人

第七十六条 以取得利润并分配给股东等出资人为

目的成立的法人,为营利法人。

营利法人包括有限责任公司、股份有限公司和其他企业法人等。

第七十七条 营利法人经依法登记成立。

第七十八条 依法设立的营利法人,由登记机关发给营利法人营业执照。营业执照签发日期为营利法人的成立日期。

第七十九条 设立营利法人应当依法制定法人章程。

第八十条 营利法人应当设权力机构。

权力机构行使修改法人章程,选举或者更换执行机构、监督机构成员,以及法人章程规定的其他职权。

第八十一条 营利法人应当设执行机构。

执行机构行使召集权力机构会议,决定法人的经营计划和投资方案,决定法人内部管理机构的设置,以及法人章程规定的其他职权。

执行机构为董事会或者执行董事的,董事长、执行董事或者经理按照法人章程的规定担任法定代表人;未设董事会或者执行董事的,法人章程规定的主要负责人为其执行机构和法定代表人。

第八十二条 营利法人设监事会或者监事等监督机构的,监督机构依法行使检查法人财务,监督执行机构成员、高级管理人员执行法人职务的行为,以及法人章程规定的其他职权。

第八十三条　营利法人的出资人不得滥用出资人权利损害法人或者其他出资人的利益。滥用出资人权利给法人或者其他出资人造成损失的,应当依法承担民事责任。

营利法人的出资人不得滥用法人独立地位和出资人有限责任损害法人的债权人利益。滥用法人独立地位和出资人有限责任,逃避债务,严重损害法人的债权人利益的,应当对法人债务承担连带责任。

第八十四条　营利法人的控股出资人、实际控制人、董事、监事、高级管理人员不得利用其关联关系损害法人的利益。利用关联关系给法人造成损失的,应当承担赔偿责任。

第八十五条　营利法人的权力机构、执行机构作出决议的会议召集程序、表决方式违反法律、行政法规、法人章程,或者决议内容违反法人章程的,营利法人的出资人可以请求人民法院撤销该决议,但是营利法人依据该决议与善意相对人形成的民事法律关系不受影响。

第八十六条　营利法人从事经营活动,应当遵守商业道德,维护交易安全,接受政府和社会的监督,承担社会责任。

第三节 非营利法人

第八十七条 为公益目的或者其他非营利目的成立,不向出资人、设立人或者会员分配所取得利润的法人,为非营利法人。

非营利法人包括事业单位、社会团体、基金会、社会服务机构等。

第八十八条 具备法人条件,为适应经济社会发展需要,提供公益服务设立的事业单位,经依法登记成立,取得事业单位法人资格;依法不需要办理法人登记的,从成立之日起,具有事业单位法人资格。

第八十九条 事业单位法人设理事会的,除法律另有规定外,理事会为其决策机构。事业单位法人的法定代表人依照法律、行政法规或者法人章程的规定产生。

第九十条 具备法人条件,基于会员共同意愿,为公益目的或者会员共同利益等非营利目的设立的社会团体,经依法登记成立,取得社会团体法人资格;依法不需要办理法人登记的,从成立之日起,具有社会团体法人资格。

第九十一条 设立社会团体法人应当依法制定法人章程。

社会团体法人应当设会员大会或者会员代表大会等

权力机构。

社会团体法人应当设理事会等执行机构。理事长或者会长等负责人按照法人章程的规定担任法定代表人。

第九十二条 具备法人条件,为公益目的以捐助财产设立的基金会、社会服务机构等,经依法登记成立,取得捐助法人资格。

依法设立的宗教活动场所,具备法人条件的,可以申请法人登记,取得捐助法人资格。法律、行政法规对宗教活动场所有规定的,依照其规定。

第九十三条 设立捐助法人应当依法制定法人章程。

捐助法人应当设理事会、民主管理组织等决策机构,并设执行机构。理事长等负责人按照法人章程的规定担任法定代表人。

捐助法人应当设监事会等监督机构。

第九十四条 捐助人有权向捐助法人查询捐助财产的使用、管理情况,并提出意见和建议,捐助法人应当及时、如实答复。

捐助法人的决策机构、执行机构或者法定代表人作出决定的程序违反法律、行政法规、法人章程,或者决定内容违反法人章程的,捐助人等利害关系人或者主管机关可以请求人民法院撤销该决定,但是捐助法人依据该决定与善意相对人形成的民事法律关系不受影响。

第九十五条　为公益目的成立的非营利法人终止时，不得向出资人、设立人或者会员分配剩余财产。剩余财产应当按照法人章程的规定或者权力机构的决议用于公益目的；无法按照法人章程的规定或者权力机构的决议处理的，由主管机关主持转给宗旨相同或者相近的法人，并向社会公告。

第四节　特别法人

第九十六条　本节规定的机关法人、农村集体经济组织法人、城镇农村的合作经济组织法人、基层群众性自治组织法人，为特别法人。

第九十七条　有独立经费的机关和承担行政职能的法定机构从成立之日起，具有机关法人资格，可以从事为履行职能所需要的民事活动。

第九十八条　机关法人被撤销的，法人终止，其民事权利和义务由继任的机关法人享有和承担；没有继任的机关法人的，由作出撤销决定的机关法人享有和承担。

第九十九条　农村集体经济组织依法取得法人资格。

法律、行政法规对农村集体经济组织有规定的，依照其规定。

第一百条　城镇农村的合作经济组织依法取得法人

资格。

法律、行政法规对城镇农村的合作经济组织有规定的,依照其规定。

第一百零一条 居民委员会、村民委员会具有基层群众性自治组织法人资格,可以从事为履行职能所需要的民事活动。

未设立村集体经济组织的,村民委员会可以依法代行村集体经济组织的职能。

第四章　非法人组织

第一百零二条 非法人组织是不具有法人资格,但是能够依法以自己的名义从事民事活动的组织。

非法人组织包括个人独资企业、合伙企业、不具有法人资格的专业服务机构等。

第一百零三条 非法人组织应当依照法律的规定登记。

设立非法人组织,法律、行政法规规定须经有关机关批准的,依照其规定。

第一百零四条 非法人组织的财产不足以清偿债务的,其出资人或者设立人承担无限责任。法律另有规定的,依照其规定。

第一百零五条 非法人组织可以确定一人或者数人

代表该组织从事民事活动。

第一百零六条　有下列情形之一的,非法人组织解散：

（一）章程规定的存续期间届满或者章程规定的其他解散事由出现；

（二）出资人或者设立人决定解散；

（三）法律规定的其他情形。

第一百零七条　非法人组织解散的,应当依法进行清算。

第一百零八条　非法人组织除适用本章规定外,参照适用本法第三章第一节的有关规定。

第五章　民事权利

第一百零九条　自然人的人身自由、人格尊严受法律保护。

第一百一十条　自然人享有生命权、身体权、健康权、姓名权、肖像权、名誉权、荣誉权、隐私权、婚姻自主权等权利。

法人、非法人组织享有名称权、名誉权、荣誉权等权利。

第一百一十一条　自然人的个人信息受法律保护。任何组织和个人需要获取他人个人信息的,应当依法取得并确保信息安全,不得非法收集、使用、加工、传输他人个人信息,不得非法买卖、提供或者公开他人个人信息。

第一百一十二条　自然人因婚姻、家庭关系等产生的人身权利受法律保护。

第一百一十三条　民事主体的财产权利受法律平等保护。

第一百一十四条　民事主体依法享有物权。

物权是权利人依法对特定的物享有直接支配和排他的权利,包括所有权、用益物权和担保物权。

第一百一十五条　物包括不动产和动产。法律规定权利作为物权客体的,依照其规定。

第一百一十六条　物权的种类和内容,由法律规定。

第一百一十七条　为了公共利益的需要,依照法律规定的权限和程序征收、征用不动产或者动产的,应当给予公平、合理的补偿。

第一百一十八条　民事主体依法享有债权。

债权是因合同、侵权行为、无因管理、不当得利以及法律的其他规定,权利人请求特定义务人为或者不为一定行为的权利。

第一百一十九条　依法成立的合同,对当事人具有法律约束力。

第一百二十条　民事权益受到侵害的,被侵权人有权请求侵权人承担侵权责任。

第一百二十一条　没有法定的或者约定的义务,为避免他人利益受损失而进行管理的人,有权请求受益人偿还由此支出的必要费用。

第一百二十二条　因他人没有法律根据,取得不当利益,受损失的人有权请求其返还不当利益。

第一百二十三条　民事主体依法享有知识产权。

知识产权是权利人依法就下列客体享有的专有的权利:

(一)作品;

(二)发明、实用新型、外观设计;

(三)商标;

(四)地理标志;

(五)商业秘密;

(六)集成电路布图设计;

(七)植物新品种;

(八)法律规定的其他客体。

第一百二十四条　自然人依法享有继承权。

自然人合法的私有财产,可以依法继承。

第一百二十五条　民事主体依法享有股权和其他投资性权利。

第一百二十六条　民事主体享有法律规定的其他民事权利和利益。

第一百二十七条　法律对数据、网络虚拟财产的保护有规定的,依照其规定。

第一百二十八条　法律对未成年人、老年人、残疾人、妇女、消费者等的民事权利保护有特别规定的,依照其规定。

第一百二十九条　民事权利可以依据民事法律行为、事实行为、法律规定的事件或者法律规定的其他方式取得。

第一百三十条　民事主体按照自己的意愿依法行使民事权利,不受干涉。

第一百三十一条　民事主体行使权利时,应当履行法律规定的和当事人约定的义务。

第一百三十二条　民事主体不得滥用民事权利损害国家利益、社会公共利益或者他人合法权益。

第六章　民事法律行为

第一节　一般规定

第一百三十三条　民事法律行为是民事主体通过意思表示设立、变更、终止民事法律关系的行为。

第一百三十四条　民事法律行为可以基于双方或者多方的意思表示一致成立,也可以基于单方的意思表示成立。

法人、非法人组织依照法律或者章程规定的议事方式和表决程序作出决议的,该决议行为成立。

第一百三十五条 民事法律行为可以采用书面形式、口头形式或者其他形式;法律、行政法规规定或者当事人约定采用特定形式的,应当采用特定形式。

第一百三十六条 民事法律行为自成立时生效,但是法律另有规定或者当事人另有约定的除外。

行为人非依法律规定或者未经对方同意,不得擅自变更或者解除民事法律行为。

第二节 意思表示

第一百三十七条 以对话方式作出的意思表示,相对人知道其内容时生效。

以非对话方式作出的意思表示,到达相对人时生效。以非对话方式作出的采用数据电文形式的意思表示,相对人指定特定系统接收数据电文的,该数据电文进入该特定系统时生效;未指定特定系统的,相对人知道或者应当知道该数据电文进入其系统时生效。当事人对采用数据电文形式的意思表示的生效时间另有约定的,按照其约定。

第一百三十八条 无相对人的意思表示,表示完成时生效。法律另有规定的,依照其规定。

第一百三十九条　以公告方式作出的意思表示,公告发布时生效。

第一百四十条　行为人可以明示或者默示作出意思表示。

沉默只有在有法律规定、当事人约定或者符合当事人之间的交易习惯时,才可以视为意思表示。

第一百四十一条　行为人可以撤回意思表示。撤回意思表示的通知应当在意思表示到达相对人前或者与意思表示同时到达相对人。

第一百四十二条　有相对人的意思表示的解释,应当按照所使用的词句,结合相关条款、行为的性质和目的、习惯以及诚信原则,确定意思表示的含义。

无相对人的意思表示的解释,不能完全拘泥于所使用的词句,而应当结合相关条款、行为的性质和目的、习惯以及诚信原则,确定行为人的真实意思。

第三节　民事法律行为的效力

第一百四十三条　具备下列条件的民事法律行为有效:

(一)行为人具有相应的民事行为能力;

(二)意思表示真实;

(三)不违反法律、行政法规的强制性规定,不违背公序良俗。

第一百四十四条　无民事行为能力人实施的民事法律行为无效。

第一百四十五条　限制民事行为能力人实施的纯获利益的民事法律行为或者与其年龄、智力、精神健康状况相适应的民事法律行为有效；实施的其他民事法律行为经法定代理人同意或者追认后有效。

相对人可以催告法定代理人自收到通知之日起一个月内予以追认。法定代理人未作表示的，视为拒绝追认。民事法律行为被追认前，善意相对人有撤销的权利。撤销应当以通知的方式作出。

第一百四十六条　行为人与相对人以虚假的意思表示实施的民事法律行为无效。

以虚假的意思表示隐藏的民事法律行为的效力，依照有关法律规定处理。

第一百四十七条　基于重大误解实施的民事法律行为，行为人有权请求人民法院或者仲裁机构予以撤销。

第一百四十八条　一方以欺诈手段，使对方在违背真实意思的情况下实施的民事法律行为，受欺诈方有权请求人民法院或者仲裁机构予以撤销。

第一百四十九条　第三人实施欺诈行为，使一方在违背真实意思的情况下实施的民事法律行为，对方知道或者应当知道该欺诈行为的，受欺诈方有权请求人民法院或者仲裁机构予以撤销。

第一百五十条　一方或者第三人以胁迫手段,使对方在违背真实意思的情况下实施的民事法律行为,受胁迫方有权请求人民法院或者仲裁机构予以撤销。

第一百五十一条　一方利用对方处于危困状态、缺乏判断能力等情形,致使民事法律行为成立时显失公平的,受损害方有权请求人民法院或者仲裁机构予以撤销。

第一百五十二条　有下列情形之一的,撤销权消灭:

(一)当事人自知道或者应当知道撤销事由之日起一年内、重大误解的当事人自知道或者应当知道撤销事由之日起三个月内没有行使撤销权;

(二)当事人受胁迫,自胁迫行为终止之日起一年内没有行使撤销权;

(三)当事人知道撤销事由后明确表示或者以自己的行为表明放弃撤销权。

当事人自民事法律行为发生之日起五年内没有行使撤销权的,撤销权消灭。

第一百五十三条　违反法律、行政法规的强制性规定的民事法律行为无效,但是该强制性规定不导致该民事法律行为无效的除外。

违背公序良俗的民事法律行为无效。

第一百五十四条　行为人与相对人恶意串通,损害他人合法权益的民事法律行为无效。

第一百五十五条 无效的或者被撤销的民事法律行为自始没有法律约束力。

第一百五十六条 民事法律行为部分无效，不影响其他部分效力的，其他部分仍然有效。

第一百五十七条 民事法律行为无效、被撤销或者确定不发生效力后，行为人因该行为取得的财产，应当予以返还；不能返还或者没有必要返还的，应当折价补偿。有过错的一方应当赔偿对方由此所受到的损失；各方都有过错的，应当各自承担相应的责任。法律另有规定的，依照其规定。

第四节　民事法律行为的附条件和附期限

第一百五十八条 民事法律行为可以附条件，但是按照其性质不得附条件的除外。附生效条件的民事法律行为，自条件成就时生效。附解除条件的民事法律行为，自条件成就时失效。

第一百五十九条 附条件的民事法律行为，当事人为自己的利益不正当地阻止条件成就的，视为条件已成就；不正当地促成条件成就的，视为条件不成就。

第一百六十条 民事法律行为可以附期限，但是按照其性质不得附期限的除外。附生效期限的民事法律行为，自期限届至时生效。附终止期限的民事法律行为，自期限届满时失效。

第七章 代　　理

第一节　一般规定

第一百六十一条　民事主体可以通过代理人实施民事法律行为。

依照法律规定、当事人约定或者民事法律行为的性质，应当由本人亲自实施的民事法律行为，不得代理。

第一百六十二条　代理人在代理权限内，以被代理人名义实施的民事法律行为，对被代理人发生效力。

第一百六十三条　代理包括委托代理和法定代理。

委托代理人按照被代理人的委托行使代理权。法定代理人依照法律的规定行使代理权。

第一百六十四条　代理人不履行或者不完全履行职责，造成被代理人损害的，应当承担民事责任。

代理人和相对人恶意串通，损害被代理人合法权益的，代理人和相对人应当承担连带责任。

第二节　委托代理

第一百六十五条　委托代理授权采用书面形式的，

授权委托书应当载明代理人的姓名或者名称、代理事项、权限和期间,并由被代理人签名或者盖章。

第一百六十六条 数人为同一代理事项的代理人的,应当共同行使代理权,但是当事人另有约定的除外。

第一百六十七条 代理人知道或者应当知道代理事项违法仍然实施代理行为,或者被代理人知道或者应当知道代理人的代理行为违法未作反对表示的,被代理人和代理人应当承担连带责任。

第一百六十八条 代理人不得以被代理人的名义与自己实施民事法律行为,但是被代理人同意或者追认的除外。

代理人不得以被代理人的名义与自己同时代理的其他人实施民事法律行为,但是被代理的双方同意或者追认的除外。

第一百六十九条 代理人需要转委托第三人代理的,应当取得被代理人的同意或者追认。

转委托代理经被代理人同意或者追认的,被代理人可以就代理事务直接指示转委托的第三人,代理人仅就第三人的选任以及对第三人的指示承担责任。

转委托代理未经被代理人同意或者追认的,代理人应当对转委托的第三人的行为承担责任,但是在紧急情况下代理人为了维护被代理人的利益需要转委托第三人代理的除外。

第一百七十条 执行法人或者非法人组织工作任务的人员,就其职权范围内的事项,以法人或者非法人组织的名义实施民事法律行为,对法人或者非法人组织发生效力。

法人或者非法人组织对执行其工作任务的人员职权范围的限制,不得对抗善意相对人。

第一百七十一条 行为人没有代理权、超越代理权或者代理权终止后,仍然实施代理行为,未经被代理人追认的,对被代理人不发生效力。

相对人可以催告被代理人自收到通知之日起一个月内予以追认。被代理人未作表示的,视为拒绝追认。行为人实施的行为被追认前,善意相对人有撤销的权利。撤销应当以通知的方式作出。

行为人实施的行为未被追认的,善意相对人有权请求行为人履行债务或者就其受到的损害请求行为人赔偿,但是赔偿的范围不得超过被代理人追认时相对人所能获得的利益。

相对人知道或者应当知道行为人无权代理的,相对人和行为人按照各自的过错承担责任。

第一百七十二条 行为人没有代理权、超越代理权或者代理权终止后,仍然实施代理行为,相对人有理由相信行为人有代理权的,代理行为有效。

第三节　代理终止

第一百七十三条　有下列情形之一的,委托代理终止:

(一)代理期间届满或者代理事务完成;

(二)被代理人取消委托或者代理人辞去委托;

(三)代理人丧失民事行为能力;

(四)代理人或者被代理人死亡;

(五)作为代理人或者被代理人的法人、非法人组织终止。

第一百七十四条　被代理人死亡后,有下列情形之一的,委托代理人实施的代理行为有效:

(一)代理人不知道并且不应当知道被代理人死亡;

(二)被代理人的继承人予以承认;

(三)授权中明确代理权在代理事务完成时终止;

(四)被代理人死亡前已经实施,为了被代理人的继承人的利益继续代理。

作为被代理人的法人、非法人组织终止的,参照适用前款规定。

第一百七十五条　有下列情形之一的,法定代理终止:

(一)被代理人取得或者恢复完全民事行为能力;

（二）代理人丧失民事行为能力；

（三）代理人或者被代理人死亡；

（四）法律规定的其他情形。

第八章　民事责任

第一百七十六条　民事主体依照法律规定和当事人约定，履行民事义务，承担民事责任。

第一百七十七条　二人以上依法承担按份责任，能够确定责任大小的，各自承担相应的责任；难以确定责任大小的，平均承担责任。

第一百七十八条　二人以上依法承担连带责任的，权利人有权请求部分或者全部连带责任人承担责任。

连带责任人的责任份额根据各自责任大小确定；难以确定责任大小的，平均承担责任。实际承担责任超过自己责任份额的连带责任人，有权向其他连带责任人追偿。

连带责任，由法律规定或者当事人约定。

第一百七十九条　承担民事责任的方式主要有：

（一）停止侵害；

（二）排除妨碍；

（三）消除危险；

（四）返还财产；

（五）恢复原状；

（六）修理、重作、更换；

（七）继续履行；

（八）赔偿损失；

（九）支付违约金；

（十）消除影响、恢复名誉；

（十一）赔礼道歉。

法律规定惩罚性赔偿的，依照其规定。

本条规定的承担民事责任的方式，可以单独适用，也可以合并适用。

第一百八十条 因不可抗力不能履行民事义务的，不承担民事责任。法律另有规定的，依照其规定。

不可抗力是指不能预见、不能避免且不能克服的客观情况。

第一百八十一条 因正当防卫造成损害的，不承担民事责任。

正当防卫超过必要的限度，造成不应有的损害的，正当防卫人应当承担适当的民事责任。

第一百八十二条 因紧急避险造成损害的，由引起险情发生的人承担民事责任。

危险由自然原因引起的，紧急避险人不承担民事责任，可以给予适当补偿。

紧急避险采取措施不当或者超过必要的限度，造成不应有的损害的,紧急避险人应当承担适当的民事责任。

第一百八十三条 因保护他人民事权益使自己受到损害的,由侵权人承担民事责任,受益人可以给予适当补偿。没有侵权人、侵权人逃逸或者无力承担民事责任,受害人请求补偿的,受益人应当给予适当补偿。

第一百八十四条 因自愿实施紧急救助行为造成受助人损害的,救助人不承担民事责任。

第一百八十五条 侵害英雄烈士等的姓名、肖像、名誉、荣誉,损害社会公共利益的,应当承担民事责任。

第一百八十六条 因当事人一方的违约行为,损害对方人身权益、财产权益的,受损害方有权选择请求其承担违约责任或者侵权责任。

第一百八十七条 民事主体因同一行为应当承担民事责任、行政责任和刑事责任的,承担行政责任或者刑事责任不影响承担民事责任;民事主体的财产不足以支付的,优先用于承担民事责任。

第九章　诉讼时效

第一百八十八条 向人民法院请求保护民事权利的诉讼时效期间为三年。法律另有规定的,依照其规定。

诉讼时效期间自权利人知道或者应当知道权利受到损害以及义务人之日起计算。法律另有规定的,依照其规定。但是自权利受到损害之日起超过二十年的,人民法院不予保护;有特殊情况的,人民法院可以根据权利人的申请决定延长。

第一百八十九条　当事人约定同一债务分期履行的,诉讼时效期间自最后一期履行期限届满之日起计算。

第一百九十条　无民事行为能力人或者限制民事行为能力人对其法定代理人的请求权的诉讼时效期间,自该法定代理终止之日起计算。

第一百九十一条　未成年人遭受性侵害的损害赔偿请求权的诉讼时效期间,自受害人年满十八周岁之日起计算。

第一百九十二条　诉讼时效期间届满的,义务人可以提出不履行义务的抗辩。

诉讼时效期间届满后,义务人同意履行的,不得以诉讼时效期间届满为由抗辩;义务人已自愿履行的,不得请求返还。

第一百九十三条　人民法院不得主动适用诉讼时效的规定。

第一百九十四条　在诉讼时效期间的最后六个月内,因下列障碍,不能行使请求权的,诉讼时效中止:

(一)不可抗力;

(二)无民事行为能力人或者限制民事行为能力人没有法定代理人,或者法定代理人死亡、丧失民事行为能力、丧失代理权；

（三）继承开始后未确定继承人或者遗产管理人；

（四）权利人被义务人或者其他人控制；

（五）其他导致权利人不能行使请求权的障碍。

自中止时效的原因消除之日起满六个月，诉讼时效期间届满。

第一百九十五条　有下列情形之一的，诉讼时效中断，从中断、有关程序终结时起，诉讼时效期间重新计算：

（一）权利人向义务人提出履行请求；

（二）义务人同意履行义务；

（三）权利人提起诉讼或者申请仲裁；

（四）与提起诉讼或者申请仲裁具有同等效力的其他情形。

第一百九十六条　下列请求权不适用诉讼时效的规定：

（一）请求停止侵害、排除妨碍、消除危险；

（二）不动产物权和登记的动产物权的权利人请求返还财产；

（三）请求支付抚养费、赡养费或者扶养费；

（四）依法不适用诉讼时效的其他请求权。

第一百九十七条　诉讼时效的期间、计算方法以及中止、中断的事由由法律规定，当事人约定无效。

当事人对诉讼时效利益的预先放弃无效。

第一百九十八条　法律对仲裁时效有规定的,依照其规定;没有规定的,适用诉讼时效的规定。

第一百九十九条　法律规定或者当事人约定的撤销权、解除权等权利的存续期间,除法律另有规定外,自权利人知道或者应当知道权利产生之日起计算,不适用有关诉讼时效中止、中断和延长的规定。存续期间届满,撤销权、解除权等权利消灭。

第十章　期间计算

第二百条　民法所称的期间按照公历年、月、日、小时计算。

第二百零一条　按照年、月、日计算期间的,开始的当日不计入,自下一日开始计算。

按照小时计算期间的,自法律规定或者当事人约定的时间开始计算。

第二百零二条　按照年、月计算期间的,到期月的对应日为期间的最后一日;没有对应日的,月末日为期间的最后一日。

第二百零三条　期间的最后一日是法定休假日的,以法定休假日结束的次日为期间的最后一日。

期间的最后一日的截止时间为二十四时;有业务时间的,停止业务活动的时间为截止时间。

第二百零四条 期间的计算方法依照本法的规定，但是法律另有规定或者当事人另有约定的除外。

第十一章 附　　则

第二百零五条 民法所称的"以上""以下""以内""届满"，包括本数；所称的"不满""超过""以外"，不包括本数。

第二百零六条 本法自 2017 年 10 月 1 日起施行。

关于《中华人民共和国 民法总则（草案）》的说明

——2017年3月8日在第十二届全国人民 代表大会第五次会议上

全国人民代表大会常务委员会副委员长　李建国

各位代表：

我受全国人大常委会委托，作关于《中华人民共和国民法总则（草案）》的说明。

一、关于编纂民法典的任务、意义和指导思想

编纂民法典是党的十八届四中全会提出的重大立法任务。编纂民法典是对现行民事法律规范进行系统整合，编纂一部适应中国特色社会主义发展要求，符合我国国情和实际，体例科学、结构严谨、规范合理、内容协调一致的法典。编纂民法典不是制定全新的民事法律，而是对现行的民事法律规范进行科学整理；也不是简单的法

律汇编,而是对已经不适应现实情况的规定进行修改完善,对经济社会生活中出现的新情况、新问题作出有针对性的新规定。

党的十八大以来,以习近平同志为核心的党中央团结带领全党和全国各族人民,统筹推进"五位一体"总体布局,协调推进"四个全面"战略布局,全面开创了中国特色社会主义新局面,极大地提振了广大人民群众的主动性、积极性和创造性,现在我们比历史上任何时期都更加接近实现中华民族伟大复兴中国梦的目标。在这一时代背景下,编纂民法典具有重大而深远的意义。

第一,编纂民法典是体现党执政为民的根本宗旨,维护最广大人民根本利益的客观需要。尊重和保障人民群众合法权益,是建设中国特色社会主义法治体系、建设社会主义法治国家的基本原则。党的十八届四中全会提出,要实现公民权利保障的法治化。这是总结我国民主法治建设经验教训而得出的重要结论,是我们党根本宗旨的内在要求。我国宪法确立了保障公民人身权利和财产权利的原则。宪法的精神和原则必须在民事法律中予以体现和落实。通过编纂民法典,健全民事法律秩序,就是要加强对民事主体合法权益的保护,更好地维护人民群众的切身利益。

第二,编纂民法典是全面推进依法治国,实现国家治理体系和治理能力现代化的重大举措。党的十八届三中全会提出完善和发展中国特色社会主义制度,推进国家治理体系和治理能力现代化。党的十八届四中全会进一步指出依法治国是实现国家治理体系和治理能力现代化的必然要求。民法作为中国特色社会主义法律体系的重要组成部分,是民事领域的基础性、综合性法律,被称为社会生活的百科全书,它规范人身关系和财产关系,涉及社会和经济生活的方方面面,同每个民事主体都密切相关。民法与国家其他领域的法律规范一起,支撑着国家治理体系。通过编纂民法典,完善民事法律规范,就是要构建民事领域的治理规则,提高国家治理能力。

第三,编纂民法典是健全社会主义市场经济制度,完善中国特色社会主义法律体系的必然要求。社会主义市场经济本质上是法治经济。完善社会主义市场经济法律制度,是社会主义市场经济运行规律的客观要求,也是保障经济持续健康发展的现实需要。党的十八届四中全会提出,使市场在资源配置中起决定性作用,必须以保护产权、维护契约、统一市场、平等交换、公平竞争等为基本导向。我国民事立法秉持民商合一的传统,通过编纂民法典,完善我国民商事领域的基本规则,为民商事活动提供基本遵循,就是要健全市场秩序,维护交易安全,促进社会主义市场经济健康发展。

编纂民法典的指导思想是,高举中国特色社会主义伟大旗帜,全面贯彻党的十八大和十八届三中、四中、五中、六中全会精神,以马克思列宁主义、毛泽东思想、邓小平理论、"三个代表"重要思想、科学发展观为指导,深入贯彻习近平总书记系列重要讲话精神和治国理政新理念新思想新战略,贯彻统筹推进"五位一体"总体布局和协调推进"四个全面"战略布局要求,贯彻新发展理念,编纂一部具有中国特色、体现时代精神的民法典,正确调整民事关系,更好保护民事主体合法权益,维护社会经济秩序,为实现"两个一百年"奋斗目标、实现中华民族伟大复兴中国梦提供有力法治保障。

按照上述指导思想,编纂民法典工作遵循以下基本原则:一是坚持正确政治方向。坚持党的领导这一社会主义法治的最根本保证,确保党的领导、人民当家作主、依法治国有机统一,坚定不移走中国特色社会主义法治道路。二是坚持人民主体地位。坚持人民立场这一党的根本政治立场,恪守以民为本、立法为民理念,保证人民依法享有广泛的权利和自由、承担应尽的义务,实现好、维护好、发展好最广大人民根本利益。三是坚持社会主义核心价值观。将社会主义核心价值观融入全过程,弘扬中华民族传统美德,强化规则意识,增强道德约束,倡导契约精神,弘扬公序良俗。四是坚持立法的引领和推动作用。以法典化方式巩固和确认新中国成立以来特别是改革开放以来实践证明是正确的民事立法成果,同时与时俱进,完善和发展我国民事法律规范,引领经济社会发展,更好地平衡社会利益、调节社会关系、规范社会行为。

二、关于民法总则草案的起草情况

以习近平同志为核心的党中央高度重视民法典编纂和民法总则的制定。2016 年 6 月 14 日,习近平总书记主持召开中央政治局常委会会议,听取并原则同意全国人大常委会党组关于民法典编纂工作和民法总则草案几个主要问题的汇报,并作出重要指示,为编纂民法典和制定民法总则提供了重要指导和基本遵循。民法典将由总则编和各分编组成,目前考虑分为物权编、合同编、侵权责任编、婚姻家庭编和继承编等。编纂工作按照"两步走"的思路进行:第一步,编纂民法典总则编,即提请本次会议审议的民法总则草案;第二步,编纂民法典各分编,拟于 2018 年整体提请全国人大常委会审议,经全国人大常委会分阶段审议后,争取于 2020 年将民法典各分编一并提请全国人民代表大会会议审议通过,从而形成统一的民法典。按照进度服从质量的要求,具体工作安排可作必要调整。

编纂一部真正属于中国人民的民法典,是新中国几代人的夙愿。新中国成立后,党和国家曾于 1954 年、1962 年、1979 年和 2001 年先后 4 次启动民法制定工作。

第一次和第二次，由于各种原因而未能取得实际成果。1979年第三次启动，由于刚刚进入改革开放新时期，制定一部完备的民法典条件还不具备，因此，按照"成熟一个通过一个"的工作思路，确定先制定民事单行法。现行的继承法、民法通则、担保法、合同法就是在这种背景下制定的。2001年九届全国人大常委会组织起草了《中华人民共和国民法（草案）》，并于2002年进行了一次审议，经讨论，仍确定继续采取分别制定单行法的办法。2003年十届全国人大以来，又先后制定了物权法、侵权责任法、涉外民事关系法律适用法等。由此可以看出，1979年以来我国民事立法是富有成效的，逐步形成了比较完整的民事法律规范体系，为编纂民法典奠定了较好的法律基础和实践基础。现在，编纂民法典条件已经具备。

党的十八大以来，根据党中央的决策部署，十二届全国人大及其常委会将编纂民法典和制定民法总则作为立法工作的重点任务。2016年6月、10月、12月，全国人大常委会先后3次审议了民法总则草案，并且先后3次于会后将草案审议稿在中国人大网公布征求社会公众意见，两次将草案印送全国人大代表征求意见，还将草案印发中央有关部门、地方人大、法学教学科研机构征求意见。与此同时，全国人大常委会于2016年10月和11月在北京、四川、宁夏和上海召开4次座谈会，由张德江委员长和我分别主持,直接听取中央有关部门,各省、自治区、直辖市人大常委会和部分全国人大代表、基层立法联系点代表、法律实务工作者和专家学者等各方面的意见,并到基层进行实地调研。这次提请大会审议的民法总则草案,是在深入调查研究,广泛听取全国人大代表、全国政协委员和社会各界意见的基础上,反复修改形成的,体现了科学立法、民主立法的精神。

民法总则是民法典的开篇之作,在民法典中起统领性作用。民法总则规定民事活动必须遵循的基本原则和一般性规则,统领民法典各分编;各分编将在总则的基础上对各项民事制度作出具体规定。民法总则草案以1986年制定的民法通则为基础,采取"提取公因式"的办法,将民事法律制度中具有普遍适用性和引领性的规定写入草案,就民法基本原则、民事主体、民事权利、民事法律行为、民事责任和诉讼时效等基本民事法律制度作出规定,既构建了我国民事法律制度的基本框架,也为各分编的规定提供依据。

在民法总则草案起草过程中,遵循了编纂民法典的指导思想和基本原则,并注意把握以下几点:一是既坚持问题导向,着力解决社会生活中纷繁复杂的问题,又尊重立法规律,讲法理、讲体系。我国仍处于并将长期处于社会主义初级阶段。制定民法总则必须立足于这一基本国情,研究现阶段民事法律实践中存在的问题,以实践需求确定立法重点,用实践智慧破解立法难点。同时,按照民商事法律关系的内在规律,注重与民法典各分编和其他部门法的有机衔接。二是既尊重民事立法的历史延续性,又适应当前经济社会发展的客观要求。我国现行民事法律大部分规则实际可行,为人民群众所熟悉和接受。制定民法总则,必须深入总结这些法律的实施情况,对实践证明正确、可行的,予以继承,维护法律的稳定性;对不适应现实情况的内容和制度进行修改补充,对社会生活迫切需要规范的事项作出创设性规定,增强法律的可执行性,并适度体现前瞻性。三是既传承我国优秀的法律文化传统,又借鉴外国立法的有益经验。中华优秀传统文化的思想精华,包括讲仁爱、重民本、守诚信、崇正义、尚和合、求大同等核心思想理念,与民法的理念和原则是相通的。制定民法总则,必须坚定文化自信,深入挖掘和传承包括中华法律文化在内的中华优秀传统文化的时代价值,让我们的民法总则体现鲜明的民族性。同时,要有世界眼光,善于学习外国的立法经验,借鉴人类法治文明成果,但决不照搬外国法治理念和模式。

三、关于民法总则草案的主要内容

民法总则草案分为 11 章,包括基本原则、自然人、法人、非法人组织、民事权利、民事法律行为、代理、民事责

任、诉讼时效、期间计算、附则,共 210 条。主要内容是:

(一)关于基本原则和法律适用规则

基本原则是民事主体从事民事活动和司法机关进行民事司法活动应当遵循的基本准则。草案第一章以确立基本原则为核心,并就立法宗旨、法律适用规则作出规定。草案在民法通则的基础上,结合 30 多年来民事法律实践,进一步明确了民事主体的人身权利、财产权利以及其他合法权益受法律保护,任何组织或者个人不得侵犯,并确立了平等原则、自愿原则、公平原则、诚信原则、守法原则、绿色原则等基本原则。需要指出的是,将绿色原则确立为基本原则,规定民事主体从事民事活动,应当有利于节约资源、保护生态环境,这样规定,既传承了天地人和、人与自然和谐共生的我国优秀传统文化理念,又体现了党的十八大以来的新发展理念,与我国是人口大国、需要长期处理好人与资源生态的矛盾这样一个国情相适应。(草案第三条至第九条)

关于民事法律的适用规则,草案规定:一是处理民事纠纷,应当依照法律;法律没有规定的,可以适用习惯,但是不得违背公序良俗即公共秩序和善良习俗。二是其他法律对民事关系有特别规定的,依照其规定。著作权法、专利法、保险法等民商事特别法既涉及民事法律关系,也涉及行政法律关系,还有一些涉及特殊商事规则,这些法律很难也不宜纳入民法典,这条规则明确了民法总则与

民商事特别法的关系。(草案第十一条、第十二条)

(二)关于民事主体

民事主体是民事关系的参与者、民事权利的享有者、民事义务的履行者和民事责任的承担者。草案第二章、第三章、第四章规定了自然人、法人、非法人组织3类民事主体。

关于自然人制度。草案在民法通则的基础上,对自然人制度作了以下完善:一是增加了保护胎儿利益的规定。涉及遗产继承、接受赠与等胎儿利益保护的,胎儿视为具有民事权利能力(草案第十七条)。二是下调了限制民事行为能力的未成年人的年龄标准。这样规定是为了更好地尊重未成年人的自主意识(草案第二十条)。三是完善了监护制度。监护是保护无民事行为能力人或者限制民事行为能力人的合法权益,弥补其民事行为能力不足的法律制度。草案以家庭监护为基础,社会监护为补充,国家监护为兜底,对监护制度作了完善。明确了父母子女间的抚养、赡养等义务,扩大了被监护人的范围,强化了政府的监护职能,并就监护人的确定、监护职责的履行、撤销监护等制度作出明确规定(草案第二十七条至第四十条)。

关于法人制度。法人制度是民事法律的一项基本制度。随着我国经济社会的发展,新的组织形式不断出现,法人形态发生了较大变化,民法通则关于企业法人、机关法人、事业单位法人和社会团体法人的分类已难以适应新的情况,有必要进行调整完善。草案遵循民法通则关于法人分类的基本思路,适应社会组织改革发展要求,按照法人设立目的和功能等方面的不同,将法人分为营利法人、非营利法人和特别法人3类(草案第三章第二节、第三节、第四节)。对营利法人和非营利法人,草案只列举了几种比较典型的具体类型,对现实生活中已经存在或者可能出现的其他法人组织,可以按照其特征,分别归入营利法人或者非营利法人。对特别法人,草案规定了以下几种情况:一是机关法人。机关设立的目的是履行公共管理等职能,这与其他法人组织存在明显差别。二是农村集体经济组织法人。农村集体经济组织具有鲜明的中国特色。赋予其法人地位符合党中央有关改革精神,有利于完善农村集体经济实现形式和运行机制,增强农村集体经济发展活力。三是基层群众性自治组织法人。村民委员会、居民委员会等基层群众性自治组织在设立、变更和终止以及行使职能和责任承担上都有其特殊性。四是城镇、农村的合作经济组织。这类合作经济组织对内具有共益性或者互益性,对外也可以从事经营活动,依照法律的规定取得法人资格后,作为特别法人。

关于非法人组织。随着我国经济社会的发展,在实际生活中,大量不具有法人资格的组织以自己的名义从事各种民事活动。赋予这些组织民事主体地位有利于其开展民事活动,也与其他法律的规定相衔接。据此,草案规定,非法人组织是不具有法人资格,但是能够依法以自己的名义从事民事活动的组织,包括个人独资企业、合伙企业、不具有法人资格的专业服务机构等(草案第一百零五条)。草案还规定,非法人组织的财产不足以清偿债务的,其出资人或者设立人承担无限责任。法律另有规定的,依照其规定(草案第一百零七条)。

(三)关于民事权利

保护民事权利是民事立法的重要任务。草案第五章规定了民事权利。这一章旨在贯彻落实党中央关于实现公民权利保障法治化和完善产权保护制度的要求,凸显对民事权利的尊重,加强对民事权利的保护,为民法典各分编和民商事特别法律具体规定民事权利提供依据。关于民事权利,草案规定了以下主要内容:一是人身权利。草案规定,自然人的人身自由、人格尊严受法律保护(草案第一百一十二条);自然人享有生命权、健康权、身体权、姓名权、肖像权、名誉权、荣誉权、隐私权、婚姻自主权等权利(草案第一百一十三条第一款)。在信息化社会,自然人的个人信息保护尤其重要,草案对此作了有针对性的规定(草案第一百一十四条)。二是财产权利。草案规定,民事主体的财产权利受法律平等保护(草案第一百一十六条)。民事主体依法享有物权、债权、继承权、股权和其他投资性权利(草案第一百一十七条至第

56

一百二十五条,第一百二十七条至第一百二十九条)。三是知识产权。为了加强对知识产权的保护,促进科技创新,建设创新型国家,草案对知识产权作了概括性规定,以统领各知识产权单行法律(草案第一百二十六条)。四是为了适应互联网和大数据时代发展的需要,草案规定,法律对数据、网络虚拟财产的保护有规定的,依照其规定(草案第一百三十一条)。五是为了规范民事权利的行使,草案规定,民事主体不得滥用民事权利损害社会公共利益或者他人合法权益(草案第一百三十五条)。

(四)关于民事法律行为和代理

民事法律行为是民事主体通过意思表示设立、变更、终止民事法律关系的行为。代理是民事主体通过代理人实施民事法律行为。草案在民法通则和合同法规定的基础上,对民事法律行为和代理制度主要作了以下完善:一是扩充了民事法律行为的内涵,既包括合法的法律行为,也包括无效、可撤销和效力待定的法律行为。这样既尊重民事主体的意愿,也强调对自己的行为负责,有利于提升民事主体的规则意识和责任意识(草案第一百三十六条)。二是增加了意思表示的规则。意思表示是民事主体希望产生法律效果的内心意愿的外在表达,是构成民事法律行为的基础。草案对其作出方式、生效和撤回等作了规定(草案第六章第二节)。三是完善了民事法律行为的效力规则。草案在规定民事法律行为有效条件的同时,对重大误解、欺诈、胁迫、显失公平等行为的撤销,恶意串通行为的无效等分别作了修改补充(草案第六章第三节)。四是完善了代理的一般规则以及委托代理制度(草案第七章)。

(五)关于民事责任和诉讼时效

民事责任是民事主体不履行或者不完全履行民事义务的法律后果。关于民事责任,草案主要作了以下规定:一是民事主体应当依照法律规定或者当事人约定履行民事义务,不履行或者不完全履行的,应当依法承担民事责任(草案第一百八十条)。二是列举了停止侵害、返还财产、恢复原状、赔偿损失、惩罚性赔偿等承担民事责任的主要方式(草案第一百八十三条)。三是为匡正社会风气,鼓励见义勇为的行为,草案规定,因自愿实施紧急救助行为造成受助人损害的,救助人不承担民事责任(草案第一百八十七条)。草案还规定,因保护他人民事权益而使自己受到损害的,由侵权人承担民事责任,受益人可以给予适当补偿。没有侵权人、侵权人逃逸或者无力承担民事责任,受害人请求补偿的,受益人应当给予适当补偿(草案第一百八十八条)。

诉讼时效是权利人在法定期间内不行使权利,权利不受保护的法律制度。关于诉讼时效,草案主要作了以下规定:一是将现行民法通则规定的二年一般诉讼时效期间延长为三年,以适应社会生活中新的情况不断出现,交易方式与类型不断创新,权利义务关系更趋复杂的现实情况与司法实践,有利于建设诚信社会,更好地保护债权人合法权益(草案第一百九十一条第一款)。二是增加了未成年人遭受性侵害后诉讼时效的特殊起算点,给受性侵害的未成年人成年后提供寻求法律救济的机会,保护未成年人利益(草案第一百九十四条)。

草案还对宣告失踪和宣告死亡、期间计算等内容作了规定。这些规定既延续了现行民事法律中科学合理的内容和制度,又吸收了行之有效的司法实践中好的做法。

这里还需要说明的一个问题是,关于民法总则与民法通则的关系。1986年制定的民法通则在我国民事立法史上具有里程碑意义,发挥了重要作用。民法通则既规定了民法的一些基本制度和一般性规则,也规定了合同、所有权及其他财产权、知识产权、民事责任、涉外民事关系法律适用等具体内容,被称为一部"小民法典"。草案基本吸收了民法通则规定的民事基本制度和一般性规则,同时作了补充、完善和发展。民法通则规定的合同、所有权及其他财产权、民事责任等具体内容还需要在编纂民法典各分编时作进一步统筹,系统整合。据此,民法总则草案通过后暂不废止民法通则。民法总则与民法通则的规定不一致的,根据新法优于旧法的原则,适用民法总则的规定。

此外,在草案制定过程中,各有关方面还提出了其他一些意见。这些意见有的分歧较大,一时难以形成共识,还需进一步研究论证;有的涉及物权、合同、侵权责任、婚姻家庭、继承等内容的具体规则,可在编纂民法典各分编时统筹解决;有的涉及著作权法、专利法、保险法等民商事特别法的内容和具体操作问题,可在今后通过修改相关法律或者制定配套法律法规时予以体现。

《中华人民共和国民法总则(草案)》和以上说明,请审议。